FACULTÉ DE DROIT DE PARIS.

THÈSE

POUR

LA LICENCE.

L'ACTE PUBLIC SUR LES MATIÈRES CI-APRÈS SERA SOUTENU

le mercredi 21 mars 1849, à 10 heures du matin,

Par Louis-Paul-Emile CLAIRAT,

né à Paris.

Président,	M. BONNIER,	Professeur.
Suffragants :	MM. DUCAURROY, ROYER-COLLARD, PELLAT,	Professeurs.
	FERRY,	Suppléant.

Le Candidat répondra en outre aux questions qui lui seront faites sur les autres matières de l'enseignement.

PARIS,

IMPRIMERIE ADMINISTRATIVE DE PAUL DUPONT,

RUE DE GRENELLE-SAINT-HONORÉ, N° 55.

1849

A MON PÈRE, A MA MÈRE.

TÉMOIGNAGE D'AMOUR ET DE RECONNAISSANCE.

JUS ROMANUM.

DE ACQUIRENDO RERUM DOMINIO.
(Dig., XLI, tit. 1.)

Dominium est jus utendi, fruendi et abutendi re suâ, quatenùs juris ratio patitur. Nobis acquiritur duobus modis, scilicet jure naturali vel gentium, aut jure civili, id est jure proprio civitatis nostræ.

DE ACQUISITIONIBUS JURE GENTIUM.

Jure gentium dominium acquirimus occupatione et traditione, etiam et accessione nonnulli putant; sed secundùm nostram sententiam, accessio dominii acquirendi modus non debet haberi.

De Occupatione.

Occupatio est rei corporalis quæ nullius sit vel hostium apprehensio, cum animo eam sibi habendi ; nam quod nullius est ex ratione naturali occupanti conceditur.

Omnia igitur animalia quæ terrâ, mari, cœloque capiuntur, id est feræ bestiæ, pisces et volucres, occupantis fiunt et manent donec custodiâ coercentur, etiamsi in fundo alieno capiantur; sed, qui, venandi occupandive gratiâ, in fundum venit alienum, à domino, si is providerit, ne ingrediatur prohiberi potest : quod si prohibitus, nihilominùs ingreditur, interdicto quod vi et actione injuriarum tenebitur, sed captam feram suam faciet.

Feræ tamdiù nostræ manent, quamdiù custodiâ coerceri possunt et occupari; ubi verò evaserint, distinguendum est: vel facilis est persecutio, puta nondùm oculos effugerunt, vel difficilis : priori casu, nostræ manent; posteriori cùm in libertatem naturalem se receperunt, nostræ desierunt esse, et rursùs fiunt occupantis, sicut agitur jure postliminii.

Animalia quæ abire et redire solent, sicut apes et columbæ, nostra manent eousquè animum habent revertendi; quod si hunc animum desierint, nostra desinunt esse, occupantiumque fiunt.

Si fera bestia, ab uno lethaliter vulnerata, ab alio capta esset, Trebatius existimabat eam esse illius qui vulneravit, donec eam persequitur; sed alii jurisconsulti putaverunt non aliter illius esse quàm si ceperit, quia multa accidere possunt ut eam non capiat : quæ sententia prævaluit.

Insula quæ in mari nascitur occupantis fit; item de lapillis, gemmis et cæteris quæ in littore maris inveniuntur.

Ea etiam quæ ex hostibus capta sunt, ipsi quoque hostes in nostrum dominium deducuntur; at si ex potestate nostrâ evaserint, pristinam jure postliminii libertatem recipiunt.

Thesaurus est vetus quædam depositio pecuniæ, cujus non exstat memoria ut jàm dominum non habeat. Alioquin, si quis aliquid, vel metùs, vel custodiæ causâ, sub terrâ, condiderit, non est thesaurus, et qui auferret actione furti teneretur. Inventori totus conceditur thesaurus, si quidem in suo inventus sit fundo; quod si in alieno, dimidium habet inventor, dimidium fundi dominus.

De Traditione.

Traditio est ad aliquem possessionis rei corporalis translatio. Ut per traditionem dominium transferatur, necesse est, 1° ut qui rem tradit jus eam alienandi habeat, aut res ejus voluntate tradatur ; 2° ut ex justâ causâ tradatur ; 3° ut mutuus interveniat tradentis et accipientis consensus ; 4° ut traditio non sit imaginaria. De illis conditionibus despiciamus.

1° Oportet antè omnia ut res tradatur ab illo qui jus hujus alienandæ habeat, id est à domino ; nemo enim plus transferre juris potest quàm ipse habet : igitur, si quis dominium in fundo habuit, id tradendo transfert ; si non habuit, ad eum qui accipit nihil transfert. Nil verò interest utrùm ipse dominus per se tradat alicui rem, an voluntate ejus aliquis.

2° Nuda traditio nunquàm transfert dominium ; sed ità, si venditio aut aliqua justa causa præcesserit, aut præcessisse credatur, propter quam traditio sequeretur.

3° Sive ea venditio, sive donatio, sive conductio, sive quælibet alia causa fuit contrahendi, concurrat oportet affectus ex utrâque parte contrahentium. Hic autem consensus versari debet et circà rem cujus dominium transfertur, et circà personam quæ dominus fit.

4° Traditio non debet esse imaginaria ; nam qui sic solvit ut recuperet, non liberatur quemadmodùm non alienantur nummi qui sic dantur ut recipiantur. (Ulp. lib., 61, *ad edictum*).

Traditio aut realis aut ficta esse potest. Res immobilis, puta fundi, traditio realis intelligitur hoc ipso quod voluntate tradentis eum ingrediar ; rei mobilis, cùm de manu in manum res datur. Sed aliquandò signum pro re traditur, veluti si frumentum in horreo meo depositum Titio vendidero, et illo tradidero claves horrei ; hoc casu, ficta est traditio. Res incorporales, quæ non possunt apprehendi, quasi traditionem recipiunt.

De Accessione.

Nostrum est sive quod ex re nostrâ nascitur, sive quod ei unitur ac consolidatur. Sunt nobis igitur et ovium fœtus, et ancillarum partus, et fructus agri.

Cùm in fundo suo aliquis alienâ materiâ ædificavit, ædificii dominus ipse intelligitur, quia omne quod inædificatur solo cedit; nec tamen materiæ dominus dominium amisit, sed neque eam vindicare, neque ad exhibendum de eâ agere potest propter legem duodecim tabularum, quâ cavetur ne quis tignum alienum ædibus suis junctum eximere cogatur; sed duplum pro eo præstet. Si aliquâ ex causâ dirutum sit ædificium, poterit materiæ dominus, si non fuerit duplum jàm consecutus, tunc eam vindicare et ad exhibendum agere.

Ex diverso, si quis in alieno loco materiâ suâ ædificaverit, ad dominum soli pertinet ædificium. Si nescit qui ædificavit alienum esse fundum, aut possidet, aut non : possidet tunc soli dominus si petat ædificium nec solvat pretium materiæ, poterit per exceptionem doli mali repelli; non possidet, per actionem in factum vel negotiorum gestorum utilem agere poterit. Sed si alienum scit esse solum, suâ voluntate proprietatem amisisse materiæ intelligitur.

Quâ ratione plantæ quæ terrâ coalescunt solo cedunt; eâdem ratione frumenta quæ sata sunt solo cedere intelliguntur. Cæterùm, qui in alienum solum impensa consevit, per exceptionem doli mali defendi potest, si ab eo dominus soli fructus petat, nec impensarum pretium solvat.

Litteræ, quamvis aureæ, chartis membranisve cedunt; sed non ità propter excellentiam artis de picturâ placuit cui contrà tabula cedit. Directa competit pictori vindicatio; tabulæ domino utilis actio conceditur; sed uterque doli mali per exceptionem repelli potest, si aut pictor tabulam, aut dominus picturam solvere nolit. Ex Sabini sententiâ, cùm quis ex alterius materiâ novam speciem confecit, licet suo nomine et bonâ fide, hæc nova species vi ac potestate materiæ ex quâ est confecta, illius fit. Contrà, Proculus putabat novam speciem pertinere illo qui eam confecisset, vi ac potestate formæ quam ipse ei dederat. Mediam inter hos duos sententiam Justinianus amplexus est, eique ità placuit : si ea species ad priorem formam reduci potest, eum videri dominum esse qui dominus fuit materiæ; si non potest reduci, eum potiùs intelligi dominum qui fecerit. Quòd si quis partìm ex suâ materiâ, partìm ex alienâ, speciem fecerit aliquam, hoc casu non est dubium eum esse dominum qui fecit.

Alluvio id est quod flumen agro paulatìm adjicit, ità ut intelligere non possimus, quantum quoquo momento adjiciatur. Quod per alluvionem agro nostro flumen adjicit, nobis jure gentium acquiritur. In stagnis non agnoscitur jus alluvionis, quia semper suos terminos retinent.

Alveus fluminis relictus eorum est qui propè ripam prædia possident; si totum agrum novus alveus occupaverit, licet ad priorem alveum reversum sit flumen, non tamen is cujus ager fuerat quidquam in eo alveo habere potest, quia et ille ager desiit esse, amissâ propriâ formâ; novus alveus incipit esse publicus.

PER QUAS PERSONAS NOBIS ACQUIRITUR.

Rerum dominia nanciscimur non solùm per nosmetipsos, verùm etiam per eos quos in potestate habemus, item per servos usufructuarios et per liberos homines et servos alienos quos bonâ fide possidemus.

De his autem servis in quibus tantùm usumfructum habemus ità statutum est, ut quidquid ex re nostrâ vel ex operis suis acquirant, id nobis acquiratur; ità dicendum est de servo alieno vel de homine libero quos bonâ fide possidemus. Si quid verò extrà eas causas persecuti sint, id ad ipsos si liberi pertinet, vel ad dominum si servi. Nobis invitis hæreditas acquiri non potest, nam servo hæreditatem adire non licet, nisi voluntate domini.

Nihil nobis acquirunt extraneæ personæ, nisi possessionem et per hanc dominium, si dominus fuit qui tradidit; si non fuit dominus, usucapionem.

DE DOMINIIS ET ACQUISITIONIBUS RERUM.

(Ulpiani fragmenta, tit. 19.)

Jure civili singularum rerum acquisitiones sunt : mancipatio, usucapio, cessio in jure, adjudicatio et lex.

Mancipatio, venditio quoque per æs et libram appellata, alienationis est propria species rerum mancipi. Nam omnes res sunt aut mancipi aut nec mancipi. Res mancipi sunt in italico solo prædia tam rustica quam urbana, item prædiorum rusticorum jura et quadrupedes qui dorso collove domantur; cæteræ res sunt nec mancipi. Solemnibus verbis celebratur mancipatio, libripende et quinque testibus præsentibus, inter cives romanos, eosque peregrinos quibus jus commercii concessum est.

Usucapio rerum mobilium est anni possessio, immobilium biennii. Hoc modo mancipi et nec mancipi res acquiruntur.

In jure cessio communis est rerum mancipi et nec mancipi alienatio; fit per imaginariam rei vindicationem inter in jure cedentem vindicantem et addicentem.

Adjudicatione rerum dominium acquiritur per tres formulas: familiæ erciscundæ, communi dividundo, finium regundarum.

Lex est modus acquirendi legis potestate, sic caduca et ereptoria ex lege Pappia Poppæa et legatum per vindicationem ex lege duodecim tabularum.

DROIT FRANÇAIS.

DU DROIT DE PROPRIÉTÉ.

INTRODUCTION.

La propriété n'est pas, comme l'a dit J.-J. Rousseau, et, après lui, Mirabeau, une création purement sociale, et, par conséquent, subordonnée à la volonté législative, quant à son étendue et même à son existence; mais la manifestation d'une loi primitive de la nature, un instinct inné dans l'homme. Chez tous les peuples, quelque grossiers qu'ils soient, on trouve la propriété d'abord comme un fait, puis comme une idée, vague à son origine, mais qui acquiert de plus en plus de force et de clarté avec les progrès de la civilisation. On a prétendu que le sentiment de la propriété allait s'affaiblissant chez l'homme, que l'abolition de l'esclavage en était la preuve; mais c'est une erreur de fait : loin de s'affaiblir, il va croissant, seulement il se modifie, et après avoir été appliqué injustement à ce qui n'est pas susceptible de propriété, il se voit un jour ramené à des limites plus d'accord avec la nature et la raison.

A l'origine des sociétés, alors que les hommes peu nombreux, répandus sur l'immensité du sol, étaient encore à l'état barbare, la propriété s'acquérait par l'occupation. N'ayant alors d'autres besoins que ceux qui les poussaient à conserver leur existence, ils trouvaient dans les fruits naturels de la terre un moyen facile de les satisfaire. Mais peu à peu l'homme, doué de raison, comprit que sa vie ne devait pas s'écouler comme celle des animaux qui traînent terre à terre une existence misérable jusqu'au moment où ils meurent pour faire place à d'autres qui vivront comme eux et auront la même fin ; il comprit que son intelligence l'appelait à des destinées plus hautes, qu'il pouvait être le maître de l'Univers ; mais que pour arriver à ce degré de puissance, il fallait vaincre les obstacles et recourir à l'adresse là où la force faisait défaut. Car la nature, que certains écrivains socialistes se plaisent à nous représenter comme complaisante et docile, ne se montre jamais à l'homme que tyrannique et rebelle ; et s'il veut jouir des biens de cette terre qui, dit-on, est si féconde et si prodigue de ses trésors envers ses enfants, il faut qu'il les lui arrache, et ce n'est qu'à force de patience, de persévérance, d'efforts et de travail, qu'il parvient à la dompter en partie ; elle ne donne rien à qui ne l'arrose pas de ses sueurs.

Dès lors, la propriété eut une origine plus noble : elle prit sa source dans le travail ; elle en devint et le but et la récompense ; elle fut la prime accordée à l'intelligence et aux efforts pénibles et continus. Alors naquit l'inégalité des biens ; l'homme laborieux et prévoyant s'enrichit, le paresseux et l'indifférent restèrent pauvres ; ceux-ci, au lieu de ressentir, à la vue des richesses accumulées de ceux-là, une noble émulation n'éprouvèrent qu'une basse envie, et comme il est plus facile et plus tôt fait de piller si l'on est fort que de travailler et produire, ils eurent recours à la violence. Le riche appela à son aide le voisin auquel il promit de donner dans l'occasion l'appui qu'il venait alors réclamer de lui ; et c'est ainsi que la propriété, résultant d'un premier effet de l'instinct, devint une convention sociale. Plus tard, lorsque ces agglomérations des hommes purent prendre le nom de sociétés, qu'elles reposèrent sur des bases solides, le corps social dut légitimer la possession de fait de chacun par des lois tendant à la garantir.

Telle dut être, selon moi, l'origine de la propriété, base inébranlable de toute société, et que l'on ne saurait violer impunément; ce grand principe une fois lésé, la liberté disparaît, la société elle-même doit s'écrouler. C'est donc au maintien des propriétés que doit tendre de tous ses efforts l'union sociale.

DE LA PROPRIÉTÉ.

(Code civil, liv. II, tit. 2, art. 544-577 moins l'art. 545.)

Dans l'article 544, le Code définit ainsi le droit de propriété: la propriété est le droit de jouir et disposer des choses de la manière la plus absolue, pourvu qu'on n'en fasse pas un usage prohibé par les lois ou par les règlements. Cette définition n'est pas conforme à la théorie des Romains, qui distinguaient avec un grand soin dans le droit de propriété trois éléments principaux et susceptibles d'être séparés l'un de l'autre : *Usus, fructus, abusus*, les droits d'user, de jouir et de disposer. D'où vient que nos législateurs, laissant de côté le droit d'user, ne nous parlent que de ceux de jouir et disposer? Cette confusion en un droit unique de l'*usus* et du *fructus* a-t-elle été faite avec intention ou par inadvertance? Assurément, c'est avec intention; car cette modification se retrouve dans de nombreux articles du Code. C'est donc sciemment que nos rédacteurs ont réuni les deux droits de jouir et de disposer; ils ont voulu ainsi se rapprocher autant que possible de la réalité des faits. Car, dans le fait, on ne rencontrera presque jamais le droit d'usage séparé du droit de jouissance; et même, la plupart du temps, il serait difficile de les concevoir autrement que réunis. Remarquons cependant que si dans la pratique on accorde des fruits à l'usager, c'est par pure bienveillance, en droit strict, l'usage ne devant avoir aucun fruit.

En théorie, la propriété se compose donc de trois droits distincts : user, jouir et disposer.

User, c'est retirer de la chose tout l'usage qu'elle peut donner, tous les services qu'elle peut rendre; jouir c'est percevoir tous les fruits de cette chose; disposer, c'est faire de la chose un usage qui ne se renouvellera plus.

Ainsi, le propriétaire peut non-seulement aliéner, mais encore dénaturer, par exemple d'une terre labourable faire un pré ou un étang; détériorer, en enlevant les gravures d'un livre; perdre entièrement, en démolissant un bâtiment; exclure, c'est-à-dire empêcher que qui que ce soit se serve de sa chose, même quand cela ne lui nuirait pas.

Nous voyons donc que le droit de propriété est le droit le plus étendu que l'on puisse avoir sur une chose; c'est ce droit que les Romains appelaient *dominium*, et qui donnait *plenam in re potestatem*.

Cependant, quoique le droit de propriété renferme tous ces droits divers, il arrivera souvent que le propriétaire ne pourra pas les exercer; il en sera empêché ou par un défaut de sa personne, ou par quelque imperfection de son droit de propriété, ou bien encore par la loi et les règlements. Par un défaut de sa personne, dans les cas de minorité, d'interdiction, de démence; par quelque imperfection de son droit de propriété, si par exemple ce droit est résoluble, si son héritage est chargé de droits réels; par la loi, qui défend la plantation du tabac, la fabrication de la poudre, et qui règle l'importation, l'exportation, etc., et ordonne l'expropriation pour cause d'utilité publique, après toutefois une juste et préalable indemnité ; par les règlements, comme ceux qui règlent les défrichements et que l'on nomme forestiers.

DE L'ACCESSION.

L'accession est un attribut de la propriété par suite duquel le propriétaire de la chose principale est de plein droit, *vi ac potestate rei suæ*, propriétaire de tout ce qu'elle produit et de ce qui s'y unit, soit naturellement, soit artificiellement.

L'accession est-elle en droit un moyen d'acquérir ? Je ne le crois pas, et les Romains ne le pensaient pas non plus ; cependant Pothier et les rédacteurs du Code, article 712, l'ont formellement rangée parmi les causes légales d'acquisition. Ce point est un de ceux qui ont été le plus vivement controversé en théorie, mais il ne l'a jamais été en pratique. Car, que l'accession soit un moyen légal d'acquérir ou ne le soit pas, les résultats sont toujours les mêmes ; le propriétaire de la chose principale est aussi propriétaire de la chose accessoire, *accessorium sequitur principale*. La question est donc oiseuse, et dès lors toute guerre de mots devient inutile.

DU DROIT D'ACCESSION SUR CE QUI EST PRODUIT PAR LA CHOSE.

Produits et fruits ne sont pas deux mots synonymes ; ils diffèrent l'un de l'autre comme l'espèce diffère du genre : les produits sont fruits lorsqu'ils sont soumis à une perception périodique ; ils ne le sont pas dans le cas contraire. Cette distinction est inutile quand c'est le propriétaire qui possède la chose, puisqu'il a droit à tous les produits ordinaires et extraordinaires; mais elle devient nécessaires dès qu'il s'agit de fixer les droits de l'usufruitier, du possesseur de bonne foi et du fermier, qui tous trois ne peuvent percevoir autre chose que des fruits.

La loi distingue trois sortes de fruits : 1° les fruits naturels, venus sans culture, *operante natura ;* 2° les fruits industriels, provenant de la culture de l'homme, *culturâ et curâ hominum;* 3° les fruits civils, perçus à l'occasion de la chose, mais qui n'en sortent pas matériellement. Les législateurs auraient trèsbien pu ne faire qu'une seule classe des fruits naturels et industriels, car ces fruits s'acquièrent de même, *unico momento,* par la perception; tandis qu'il en est autrement des fruits civils, que l'on acquiert *quotidiè,* jour par jour.

Les fruits d'un fonds, tant qu'ils sont pendants par racines, ne font qu'un seul et même tout avec le sol qui les a produits, et pour cette raison appartiennent au propriétaire du sol, sans qu'il soit besoin de rechercher par qui et aux frais de qui ces fruits sont nés; car ce qui donne droit aux fruits, ce n'est pas la culture, mais la propriété de la terre. Cependant, comme personne ne doit s'enrichir aux dépens d'autrui, le propriétaire devra rembourser les frais des labours, travaux et semences faits par des tiers; d'ailleurs, *non sunt fructus nisi deductis impensis.* Ainsi, que le tiers soit de bonne ou de mauvaise foi, il doit toujours être indemnisé de ses frais, du moment que le propriétaire recueille les fruits. Mais si c'est le tiers qui, possesseur du fonds et l'ayant cultivé et ensemencé, a recueilli les fruits, pour savoir s'ils appartiendront au propriétaire du sol ou au possesseur, il faudra examiner si ce dernier est de bonne ou de mauvaise foi.

Est-il de bonne foi, tous les fruits qu'il aura perçus lui

appartiendront : d'abord, parce que la perception de ces fruits a dû exiger des soins et de la surveillance ; et, en second lieu, parce que s'étant cru plus riche, il a proportionné ses dépenses à ses revenus, et se trouverait ruiné si l'on exigeait de lui la restitution de ces fruits.

Mais s'il est de mauvaise foi, il devra rendre au propriétaire non-seulement les fruits qu'il a perçus, mais encore ceux qu'il a négligé de percevoir ; il est censé dans ce cas avoir joui pour le propriétaire, puisqu'il savait que la chose ne lui appartenait pas, et que, par conséquent, il n'avait aucun droit aux fruits qu'il percevait.

Le possesseur de bonne foi garde les produits ordinaires ; quant aux produits extraordinaires, tels que ceux qui proviennent de l'ouverture d'une carrière ou de coupes de bois dans des futaies non aménagées, il devra les rendre au propriétaire, non pas en raison du dommage qui a été causé à ce dernier, mais en raison du profit que lui possesseur en a retiré, *quatenùs locupletior factus est.*

A Rome, le droit était plus rigoureux que le nôtre à l'égard du possesseur de bonne foi : il ne lui accordait que les fruits consommés, ce qui faisait naître dans la pratique de grandes difficultés ; notre Code a supprimé cette distinction : chez nous, le possesseur de bonne foi a droit à tous les fruits perçus.

D'après un édit de l'empereur Adrien, le possesseur de bonne foi *rei singularis,* d'un bien particulier, n'était jamais comptable des fruits consommés ; mais celui d'une universalité, d'une hérédité en était comptable *quatenùs locupletior factus erat :* cet édit ne saurait recevoir son application dans notre droit, car nous voyons, article 138, que les fruits de la succession d'un absent appartiendront définitivement à ceux qui les auront perçus de bonne foi. On prétexterait en vain que cette règle est spéciale au cas de l'absence : notre Code n'établit aucune distinction entre les possesseurs de bonne foi.

Pour que le possesseur soit de bonne foi, il lui faut : 1° un titre translatif de propriété ; le titre ici n'est pas l'*instrumentum probationis,* mais *id quod actum est,* l'opération que raconterait le possesseur si on lui demandait : comment possédez-vous ? Ce peut être parce qu'il a acheté la chose, ou bien encore parce qu'on la lui a donnée ou léguée ; mais ce qui fait que ce bien ne lui est pas définitivement acquis, c'est qu'il ne vient pas du vrai propriétaire ; 2° il faut que les vices de ce titre ne lui soient pas connus : il faut qu'il soit convaincu que celui de qui il tient la chose en était vraiment propriétaire et avait qualité pour la lui transmettre. Du reste, peu importe la nature des vices, qu'ils soient de fonds ou de forme ; il n'en serait pas de même s'il s'agissait de l'acquisition de l'immeuble lui-même par la prescription de dix ou vingt ans : dans ce cas, les conditions exigées pour la bonne foi sont plus sévères ; elle n'existerait pas si le titre était nul pour défaut de forme.

Une autre distinction à établir entre ces deux prescriptions, l'une instantanée des produits et l'autre de dix ou vingt ans pour l'acquisition de l'immeuble, c'est que, dans ce dernier cas, il suffit que la bonne foi ait existé quand a commencé la possession ; tandis que, dans le premier, la bonne foi est requise au moment même de la perception et séparément pour chaque perception des produits, leur prescription s'accomplissant instantanément et séparément pour chacune d'elles. Il résulte de là que l'héritier du défunt de mauvaise foi devra rendre les fruits que son auteur aura perçus, et gardera les siens, s'il est de bonne foi ; tandis que la prescription par dix et vingt ans aura lieu en faveur de l'héritier même de mauvaise foi, pourvu que son auteur ait été de bonne foi lorsque sa possession a commencé.

Le possesseur cesse d'être de bonne foi du moment où les vices de son titre viennent à lui être connus; du reste, la bonne foi est toujours présumée : c'est à celui qui allègue la mauvaise foi à la prouver.

Dans le cas de mauvaise foi établie et lorsque la revendication a lieu, les fruits sont presque toujours rendus en argent. (Art. 129 du C. de proc.)

DU DROIT D'ACCESSION SUR CE QUI S'UNIT ET S'INCORPORE A LA CHOSE.

Ce droit peut s'exercer sur ce qui s'unit et s'incorpore 1° aux choses immobilières; 2° aux choses mobilières.

1° *Aux choses immobilières.*

Dans cette première section, notre Code pose des règles qui se rapportent à trois modes d'accession : 1° aux plantations et constructions; 2° aux accroissements qui résultent du voisinage d'un fleuve ou d'une rivière; 3° à la propriété de certains animaux qui, en s'habituant sur un fonds, en deviennent l'accessoire.

1° *Aux plantations et constructions.* — La propriété du sol emporte la propriété du dessus et du dessous, *Dominus fundi cœli et inferorum dominus est;* par conséquent, le propriétaire peut faire au-dessus toutes constructions et plantations qu'il juge à propos, en respectant toutefois les lois et règlements de police, ainsi que les droits des tiers relativement aux servitudes; et au-dessous, toutes constructions et fouilles, sauf les modifications résultant des lois et règlements de police et de la législation relative aux mines. Il résulte encore du principe que nous venons d'énoncer, que ceux qui possèdent à titre de propriétaires ont seuls le droit de faire des travaux sur le fonds, et que toutes les plantations, constructions et ouvrages qui s'y trouvent, sont présumés faits par eux et à leurs frais. Ainsi, une maison a été construite sur mon terrain ; elle l'a été par vous et à vos frais; n'importe, c'est moi qui suis censé l'avoir fait construire avec mes deniers ; si vous prétendez que l'édifice a été élevé avec les vôtres, vous devez l'établir : quant à moi, je n'ai aucune preuve à faire.

Maintenant, je suppose qu'il est prouvé que c'est vous qui avez construit et payé ; en agissant ainsi, vous avez été ou de bonne ou de mauvaise foi ; si vous avez agi de mauvaise foi, j'aurai le choix ou de conserver les constructions, et alors je vous rembourserai la valeur des matériaux ainsi que le prix de la main d'œuvre, sans avoir égard à la plus ou moins grande augmentation de valeur que le fonds a pu recevoir, ou d'exiger la suppression des travaux, et alors elle se fera à vos frais sans aucune indemnité de ma part; je pourrai même, dans certains cas, vous réclamer des dommages et intérêts pour le préjudice que vous m'aurez causé, en me privant quelque temps, par exemple, de la jouissance de mon jardin ou en dégradant mon fonds par la démolition de l'édifice. Mais si vous avez agi de bonne foi, je ne pourrai pas demander la suppression des constructions ; cependant, comme il serait arbitraire de me contraindre à payer le prix de travaux que je n'avais pas l'intention de faire faire, j'aurai le choix ou de vous rembourser la valeur des matériaux et le prix de la main-d'œuvre, ou de vous donner une somme égale à celle dont le fonds a augmenté de valeur. Ainsi, je suppose que vous avez fait une dépense de 20,000 fr.; si mon fonds, grâce à vos constructions, a acquis une plus-value de 25,000 fr., je vous rembourserai vos dépenses et je bénéficierai de 5,000 fr. ; mais si la plus value du fonds n'est que de 15,000 fr., c'est cette somme que je vous donnerai : vous perdrez de la sorte 5,000 francs, et moi je ne ferai aucun bénéfice.

En considérant ce résultat qui fait que le constructeur de bonne foi ne rentre pas même dans ses déboursés, il semblerait que sa position est pire que celle du constructeur de mauvaise foi à qui le propriétaire du sol gardant les constructions doit toujours rendre le montant des dépenses ; mais remarquons que le propriétaire du sol peut forcer le constructeur de mauvaise foi à enlever ses matériaux, ce qu'il ne peut pas faire à l'égard du constructeur de bonne foi. Une position plus irrégulière est celle du propriétaire du sol qui, dans ses rapports avec le constructeur de mauvaise foi, est moins bien traité que lorsqu'il a affaire à un homme qui a construit de bonne foi. En effet, il arrivera souvent que le propriétaire ne voudra pas faire démolir, et, dans ce cas, le choix qu'on lui laisse vis-à-vis du constructeur de bonne foi de payer ou les dépenses ou la plus-value, il ne l'aura pas vis-à-vis de l'autre, ce qui lui serait plus avantageux, si la plus-value était inférieure aux déboursés. Comme conséquence de cette position, il suivra que, dans certains cas, le possesseur de bonne foi aura intérêt à se faire regarder comme étant de mauvaise, et que, réciproquement, le propriétaire, pour être libre de choisir, aimera mieux ne pas revendiquer les fruits perçus par le possesseur de mauvaise foi et le considérer comme ayant agi de bonne foi ; ici, le possesseur essayerait en vain de prouver sa mauvaise foi, *Nemo creditur suam turpitudinem allegans.*

Les fruits perçus par le possesseur de bonne foi ne pourront pas être compensés avec l'indemnité que doit donner le propriétaire.

Si le propriétaire qui garde les constructions ne peut pas payer la plus-value sans vendre, on constituera, comme le dit Pothier, en faveur du constructeur une rente égale à cette plus-value.

Le constructeur pourra détenir le fonds jusqu'au remboursement intégral de l'indemnité; il en était de même en droit romain.

Jusqu'à présent, nous avons supposé que les constructions avaient été faites sur le terrain d'autrui; voyons maintenant le cas où c'est le propriétaire du sol qui a construit sur son fonds avec des matériaux qui ne lui appartenaient pas : il devra, qu'il ait été de bonne ou de mauvaise foi, rembourser le prix des matériaux; mais, de plus, il pourra, dans certains cas, être condamné à des dommages et intérêts, et même à une peine plus grave s'il a volé les matériaux. (Art. 577.)

Si les matériaux viennent à être séparés du sol, leur propriétaire pourra les reprendre, à moins qu'il n'ait déjà été indemnisé; mais il ne lui est pas permis de faire démolir pour les enlever.

Ce que nous disons des constructions doit s'appliquer aux plantes, et cela dans l'intérêt de l'agriculture. Quelques auteurs ont cru devoir établir une distinction entre les plantes exotiques et les plantes indigènes : je ne pense pas qu'elle soit fondée; d'ailleurs, les termes de l'article 555 sont généraux. Donc, le propriétaire du terrain acquiert toutes les plantations qui s'y trouvent, que les arbres aient pris ou non racine; sous ce dernier rapport, notre Code s'est écarté des lois romaines.

Si l'arbre vient à être séparé du sol par une cause quelconque avant que le propriétaire ait été indemnisé, celui-ci ne pourra pas le revendiquer; car l'arbre, même après sa séparation du sol, a toujours quelque chose de commun avec le terrain qui l'a nourri tant qu'il y est resté attaché ; la décision est différente à l'égard des matériaux : pour eux, il n'y a eu qu'accession.

2° *Aux accroissements qui résultent du voisinage d'un fleuve ou d'une rivière.* — L'alluvion est l'augment de terre qui se forme successivement et imperceptiblement aux fonds riverains d'un fleuve ou d'une rivière. Elle profite toujours aux propriétaires riverains, qu'il s'agisse d'un fleuve ou d'une rivière navigable, flottable ou non. Il en est de même des relais que forme l'eau courante qui se retire insensiblement de l'une des rives pour se porter sur l'autre ; le propriétaire de la rive découverte profite du terrain abandonné, et le riverain du côté opposé ne peut demander le terrain qu'il a perdu.

Les lais et relais formés par la mer sur les rivages appartiennent à l'État comme et avec les rivages. L'État est aussi propriétaire du lit de tous les fleuves et rivières navigables, flottables ou non, ainsi que des îles, îlots et atterrissements qui se forment dans le lit des fleuves et des rivières navigables et flottables. Quant aux îles et atterrissements qui se forment dans les rivières non navigables et non flottables, la loi décide qu'ils appartiennent aux propriétaires riverains du côté où ils se sont formés ; si l'île n'est pas d'un seul côté, elle appartiendra aux propriétaires riverains des deux côtés, à partir de la ligne qu'on suppose tracée au milieu de la rivière.

Il n'y a pas d'alluvion possible pour les lacs et les étangs ; le volume de l'eau peut augmenter ou diminuer, le terrain du propriétaire reste toujours fixé par des limites invariables.

Il n'y a pas non plus d'alluvion, et cela se comprend de reste, après la définition que nous avons donnée de l'alluvion qui est un *incrementum latens,* dans le cas où une partie reconnaissable d'un champ riverain est enlevée par une force subite et portée vers le terrain d'autrui ; le propriétaire de la partie enlevée pourra la réclamer, mais il devra le faire dans le délai d'un an ; passé ce temps, il ne le pourra plus, à moins que le maître de l'autre champ n'en ait pas encore pris possession.

Lorsqu'une rivière ou un fleuve, en se formant un bras nouveau, coupe et embrasse le champ d'un propriétaire riverain et en fait une île, ce propriétaire conserve la propriété de son champ ; quoiqu'englobé, c'est toujours le même terrain qu'auparavant.

Si une rivière navigable, flottable ou non, se forme un nouveau cours en abandonnant son ancien lit, les propriétaires des fonds nouvellement occupés prennent à titre d'indemnité le lit abandonné, chacun dans la proportion du terrain qui lui a été enlevé ; ce qui prouve clairement que le lit des rivières non navigables et non flottables appartient à l'État : autrement, l'on ne comprendrait pas comment la loi pourrait violer les principes au point de donner une indemnité avec le bien d'autrui, et cela par expropriation pour cause d'utilité privée et sans indemniser en aucune façon le propriétaire.

3° *A la propriété de certains animaux qui, en s'habituant sur un fonds, en deviennent l'accessoire.* — Les pigeons, lapins, poissons, dit l'article 564, qui passent dans un autre colombier, garenne ou étang appartiennent au propriétaire de ces objets, pourvu que ces animaux n'y aient point été attirés par fraude et artifice. Cet article semblerait par sa rédaction faire entendre que le changement d'habitation n'opère pas pour ces animaux un changement de propriétaire dans le cas où il y a fraude et artifice. Mais ce que nos rédacteurs ont voulu dire, c'est que, au cas de fraude manifeste, le propriétaire primitif pourrait réclamer du nouveau propriétaire une indemnité.

2° *Aux choses mobilières.*

L'union des choses mobilières appartenant à plusieurs peut se rencontrer dans des circonstances si nombreuses et si variables que le législateur ne pouvait appliquer à cette matière des principes absolus. Il a seulement, dans la section qui nous occupe, posé quelques règles qui serviront d'exemples et éclaireront la conscience des juges dans les cas non prévus.

Les règles tracées dans les articles de la section se réfèrent à trois hypothèses : 1° l'adjonction ; 2° la spécification ; 3° le mélange.

1° *L'adjonction.* — C'est l'union de choses qui peuvent être séparées l'une de l'autre et qui, quoiqu'unies, continuent de former des individus distincts. Le principe qui domine cette matière, c'est qu'il n'est pas permis de désunir deux choses afin de ne pas anéantir l'œuvre entière, opération toujours préjudiciable au moins à l'un des deux propriétaires. Ce qui est la règle chez nous était l'exception chez les Romains qui donnaient toujours au propriétaire de la chose accessoire l'action *ad exhibendum* et la revendication ; mais chez nous, règle générale : le tout appartient au propriétaire de la chose principale qui payera toutefois à l'autre la valeur de la chose unie, si mieux il n'aime lui rendre cette chose, après séparation.

La chose principale n'est pas celle qui a le plus de valeur, mais celle qui a été unie à l'autre pour l'orner et la compléter ; cependant, si la chose accessoire, unie à la chose principale à mon insu ou sans mon aveu, est beaucoup plus précieuse que l'autre, je pourrai demander la séparation ; hormis ce cas, le propriétaire de la chose accessoire n'a que le droit de réclamer le prix de cette chose.

Lorsqu'il est difficile de déterminer quelle est la chose principale, on regarde comme telle celle qui a la plus grande valeur; et si les deux sont d'une valeur à peu près égale, celle qui a le plus grand volume. Si tout était égal, il y aurait communauté.

2° *La spécification.* — C'est l'emploi de la matière d'autrui à la formation d'une espèce nouvelle. Règle générale : la propriété de la chose produite par la spécification appartient au propriétaire de la matière; il y a exception pour le cas où la main-d'œuvre est tellement remarquable que l'on ne peut faire autrement que de regarder la matière comme accessoire. Si l'ouvrier est aussi propriétaire d'une partie de la matière, la chose devient commune aux deux propriétaires, proportionnellement pour l'ouvrier à sa matière et à sa main-d'œuvre et pour l'autre à sa matière seulement.

3° *Le mélange.* — C'est la réunion de deux ou plusieurs choses solides; lorsqu'il s'agit de choses liquides, le terme propre est confusion. Sur deux matières mélangées, si l'une est supérieure à l'autre par la quantité et le prix, le résultat du mélange peut être réclamé par le propriétaire de la matière supérieure en valeur qui remboursera à l'autre la valeur de sa matière. Si aucune des matières ne doit être regardée comme principale, on distingue : ou la séparation peut avoir lieu, et celui à l'insu duquel les matières ont été mélangées peut en demander la division; ou elle ne peut se faire sans inconvénient, et alors les choses deviennent communes.

Dans tous les cas où les choses seront communes à plusieurs propriétaires, ceux-ci pourront sortir de cet état d'indivision quand ils en auront le désir, et cela de deux manières, par un partage amiable ou par la licitation; ils n'emploieront ce dernier moyen que dans le cas où ils ne seraient pas d'accord sur un partage amiable.

Toutes les fois que le propriétaire à l'insu duquel la matière a été employée peut réclamer le résultat de la spécification ou du mélange, il aura le choix, si le résultat est une chose d'une autre espèce, de demander la restitution de sa matière en même nature, quantité, poids, mesure et bonté, ou la valeur de celle-ci.

DES DIFFÉRENTES MANIÈRES DONT ON ACQUIERT LA PROPRIÉTÉ.

(Liv. III, tit. I.)

Les moyens d'acquérir la propriété sont : 1° originaires ou dérivés; 2° à titre universel ou à titre particulier; 3° à titre onéreux ou à titre gratuit.

1° *Originaires ou dérivés.* — Quelques auteurs prétendent que l'acquisition originaire consiste à entrer en propriété des choses n'appartenant à personne; tandis que l'acquisition dérivée est celle qui investit l'un en dépouillant l'autre. Mais il est plus juste de dire, selon moi, qu'il y a moyen d'acquérir originaire toutes les fois que les droits de l'acquéreur ne sont pas transmis par un autre; que, dans tous les autres cas, il y a moyen dérivé. Ainsi, je crois que l'accession, considérée comme une manière d'acquérir est toujours un moyen d'acquérir originaire et qu'il en est de même de la prescription; il est vrai que je deviens ainsi propriétaire de choses qui avaient un maître, mais puisque la propriété commence sur ma tête, on ne peut pas dire que le moyen soit dérivé; les moyens dérivés sont : les successions, les donations, les legs.

Du reste, cette division est purement doctrinale et n'a pas la même importance que les deux suivantes.

2° *A titre universel ou à titre particulier.* — On acquiert à titre universel, quand l'on est appelé à prendre l'universalité ou une quote-part de l'universalité des droits d'une personne; à titre particulier, lorsqu'on acquiert une ou plusieurs choses déterminées. L'importance de cette division consiste en ce que, les dettes grevant la masse, celui qui acquiert par universalité doit supporter ces dettes qui ne sont jamais à la charge de l'acquéreur à titre particulier, si ce n'est dans le cas où le bien acquis à titre particulier est grevé d'hypothèques; alors le légataire de ce bien est tenu des hypothèques jusqu'à concurrence de son legs.

3° *A titre onéreux ou à titre gratuit.* — On acquiert à titre gratuit lorsqu'on reçoit sans rien débourser; mais l'acquisition est à titre onéreux, quand l'acquéreur donne en échange une somme ou une chose équivalente, on se conforme de toute autre manière aux conventions faites entre les parties. Cette division a aussi son importance : car, tel peut acquérir a titre onéreux qui ne le peut pas à titre gratuit, comme le mort civilement; tel peut disposer à titre gratuit qui ne le peut pas à titre onéreux, *et vice versá.* (Art. 904, 1421, 1422.) Et puis, les formes sont beaucoup plus rigoureuses lorsqu'il s'agit d'une aliénation à titre gratuit, que lorsque l'aliénation est à titre onéreux.

Cette classification des moyens d'acquérir, le législateur ne l'a ni admise ni rejetée; il n'a fait que mentionner, dans les articles 711 et 712, cinq moyens d'acquérir la propriété, qui sont: les successions, les donations, les effets des obligations, l'accession et la prescription. Mais ce ne sont pas les seuls, et il faut ajouter à cette énumération : la tradition, la transcription, l'occupation et la loi.

La *succession* est la transmission universelle des droits actifs et passifs du défunt à une personne vivante.

La *donation* est entre-vifs ou testamentaire; entre-vifs, elle est irrévocable, en général à titre particulier, rarement à titre universel; testamentaire, elle est tantôt universelle, tantôt à titre universel ou à titre particulier et de plus révocable.

Les *effets des obligations*, nous dit le Code, sont un moyen d'acquérir; cette expression est inexacte. Ce qui opère la transmission de la propriété, ce n'est pas l'effet des obligations, mais bien la force de la loi ou l'*effet des conventions* faites entre les parties; car je puis transférer la propriété sans contracter d'obligation, par exemple, lorsque je fais l'aumône; et, de même, je puis contracter une obligation, sans transférer la propriété, dans le cas où je m'engage à livrer une chose *in genere*, tel qu'un cheval ou trois hectolitres de blé.

En droit romain, la simple convention ne transférait pas la propriété; il fallait encore qu'il y eût tradition. Il n'en est pas de même chez nous: cependant, toute convention n'est pas translative de propriété; il faut pour cela que la convention soit celle de donner un corps certain et déterminé.

L'*accession*, nous en avons déjà parlé; nous avons dit qu'elle ne devait pas être regardée comme un moyen d'acquérir; mais le Code l'a considérée ainsi.

La *prescription* est de deux sortes: l'une afin d'acquérir, l'autre afin de se libérer. Les Romains ne connaissaient que la première, et l'appelaient usucapion. La prescription n'est ni un contrat à titre gratuit ni un contrat à titre onéreux.

La *tradition*, nous l'avons dit plus haut, est un moyen d'acquérir dans les cas où la convention ne suffit pas pour transférer la propriété; par exemple, lorsqu'il s'agit de choses *in genere*.

La *transcription* est aussi une manière d'acquérir, mais seulement, vis-à-vis des tiers, lorsqu'il y a donation de biens susceptibles d'hypothèques. (Art. 939.)

L'*occupation*, moyen originaire et le plus ancien d'acquérir la propriété, n'a cependant pas été mentionnée dans le Code; toutefois, il se trouve consacré dans les articles 713 et suivants. Dans la rédaction primitive de l'article 713, on lisait : La loi civile ne reconnaît pas le droit de simple occupation; les biens qui n'ont pas de maîtres appartiennent à l'État.—Mais sur les observations de la cour d'appel de Paris, le projet fut réformé, et le premier membre de phrase supprimé. Tel qu'il est, notre article est encore vicieux dans sa rédaction; il devrait être ainsi conçu : Les biens qui n'ont *plus de maîtres* appartiennent à l'État. — En effet, il est des choses dont l'usage est commun, *res communes*, telles que l'eau, l'air, les animaux sauvages, les poissons, et, bien que ces choses n'aient *pas de maîtres*, qu'elles soient *res nullius*, elles appartiennent cependant au premier occupant, qui devra toutefois se conformer aux règlements de police; l'article 714 le dit positivement. Donc, ce qui sera à l'État, ce seront les choses qui n'auront *plus de maîtres*, tels que les biens provenant de successions en déshérence.

La chasse et la pêche sont deux moyens d'acquérir par occupation; ils sont réglés par des lois particulières.

C'est encore d'après le droit d'occupation que la loi attribue à l'inventeur la propriété de la moitié du trésor; quant à l'autre moitié, elle appartient au propriétaire du sol où il a été découvert. Mais à quel titre? Quelques auteurs ont pensé que c'était par accession; mais je ne le crois pas : car, s'il en était ainsi, il pourrait y avoir lieu à rescision dans le cas où mon acquéreur aurait trouvé un trésor de 30,000 fr. dans le fonds que je lui ai vendu 10,000 fr. Je pourrais lui dire, en effet : mon fonds valait 40,000 fr., je vous l'ai vendu 10,000 fr., je suis lésé de plus des sept douzièmes, il y a lieu à rescision. Or, cela n'est pas possible. Je crois que le législateur a voulu contenter et le propriétaire et l'inventeur; mais cela n'est pas une décision de principes.

Quand le propriétaire est aussi l'inventeur, il a droit à la totalité du trésor: ici, on le conçoit, par droit d'occupation.

Ne confondons pas le trésor avec toute chose perdue. Pour qu'il y ait trésor, il faut : 1° que la chose soit cachée ou enfouie; 2° que personne ne puisse justifier qu'il en est propriétaire; 3° qu'elle soit trouvée par le pur effet du hasard. Cependant, le propriétaire peut faire sur son propre fonds des fouilles, quand même il les ferait dans l'espérance de trouver un trésor; ce que le législateur veut empêcher, c'est qu'on fasse des recherches sur le terrain d'autrui.

L'usufruitier n'a aucun droit sur le trésor trouvé dans le fonds dont il a l'usufruit. (Art. 598.)

Enfin, le droit d'occupation a lieu pour les effets jetés à la mer dans un gros temps, pour ceux qu'elle rejette, ainsi que pour les plantes et herbages qui croissent sur ses bords. Si ces plantes sont arrachées par la mer et jetées sur le rivage, elles appartiennent au premier occupant; mais, tant qu'elles sont attachées aux rochers, elles sont la propriété des communes sur le territoire desquelles ces rochers se trouvent. Quant aux objets jetés à la mer et repêchés par un autre, l'ordonnance de la marine de 1681 en établit plusieurs catégories; elle donne la totalité tantôt à l'inventeur, tantôt à l'État, tantôt aussi deux tiers à l'État et à l'inventeur l'autre tiers, et cela après des délais plus ou moins longs suivant les différents cas. Enfin, les épaves ordinaires qui anciennement devenaient la propriété du roi ou plus souvent du seigneur haut justicier, appartiennent, depuis une décision du ministre des finances du 3 août 1825, à celui qui les a trouvées, après l'expiration de trois années, à partir du jour où elles ont été déposées au greffe par l'inventeur.

La *loi* est un moyen d'acquérir la propriété; ainsi, c'est la loi qui attribue dans l'article 384 au père et à la mère et, après la mort de l'un d'eux, à l'époux survivant l'usufruit des biens de leurs enfants mineurs non émancipés.

DE LA CHASSE.

La chasse est l'action de poursuivre et de chercher à s'emparer des animaux sauvages.

On regarde en général la chasse comme un droit naturel que l'homme, entrant dans la société, dépose et soumet à la loi civile; alors elle devient un attribut de la propriété, un droit exclusif au profit de celui qui possède des terres. Il en fut ainsi en France jusqu'à la féodalité; mais, à cette époque, elle commença à être l'apanage du seigneur haut justicier, il fallut avoir un fief pour chasser sur ses propres terres. Le 4 août 1789 l'Assemblée nationale, en proclamant l'abolition du régime féodal, proclama aussi la liberté de la chasse et donna à tout propriétaire le droit de détruire et faire détruire sur ses possessions toute espèce de gibier, sauf à se conformer aux lois de police. Cette grande liberté entraîna des abus à sa suite, et le Directoire exécutif se vit contraint de défendre à tous particuliers, sans distinction, la chasse dans les forêts nationales : c'est ce qu'il fit par les arrêtés des 28 vendémiaire et 19 pluviôse an v; cependant, des battues générales durent être faites tous les trois mois dans ces forêts pour empêcher les animaux nuisibles, tels que loups et renards, de rendre dangereux la traversée des bois et leur voisinage. Enfin, le 3 mai 1844, une loi fut rendue sur la chasse qui, tout en abrogeant les lois précédentes et particulièrement celle de 1789, en a consacré les meilleures dispositions et a réparé les nombreux oublis que l'on y remarquait.

Elle a pour but : la protection des récoltes, celle du gibier, celle de l'ordre public. Elle pourvoit à la protection des récoltes, en déterminant les époques d'ouverture et de clôture de la chasse; à celle du gibier, en interdisant toute vente, achat et transport de gibier pendant le temps où la chasse est interdite, en défendant de prendre et détruire les œufs et les couvées sur le terrain d'autrui; enfin, en limitant les procédés et moyens de chasse; en dernier lieu, à celle de l'ordre public, en exigeant du chasseur la prise d'un permis de chasse, en désignant les individus auxquels l'autorité devra ou pourra le refuser; enfin, en accordant une gratification aux gardes et gendarmes rédacteurs des procès-verbaux qui constatent les délits commis.

C'est au préfet qu'il appartient de déterminer dans chaque département les époques d'ouverture et de clôture de la chasse; son arrêté doit être affiché dix jours au moins à l'avance. Dans les temps de neige, le préfet pourra interdire la chasse; il déterminera l'époque à laquelle on pourra chasser les oiseaux de passage et le gibier d'eau; il indiquera également les moyens qui devront être employés. Pour tous ces arrêtés, le préfet devra consulter le conseil général.

Durant le temps de la chasse, on ne peut s'y livrer que de jour : est permise la chasse à tir et à courre ainsi que les filets et bourses à prendre les lapins; mais la chasse aux appeaux, appelants, etc., est interdite.

Le permis de chasse doit être refusé aux mineurs de seize ans, aux interdits, aux gardes forestiers et aux gardes champêtres de l'État; quant aux condamnés à certaines peines, le préfet pourra le leur accorder, mais seulement après enquête.

DE LA PÊCHE FLUVIALE.

(Loi du 15 avril 1829, tit. I, III et IV ; art. 1-5 et 10-35.)

Le droit de pêche appartient à l'État dans les fleuves, rivières et canaux dont l'entretien est à sa charge. Ce droit, ou il le livre à des fermiers par voie d'adjudication, ou il le concède à prix d'argent ; dans le premier cas, il y a bail ; dans le second, il y a achat ; on n'emploie cette dernière voie, dite voie de licences, que lorsque l'on n'a pas pu trouver d'adjudicataires. Cependant tout individu peut pêcher dans les fleuves, rivières et canaux à la ligne flottante, excepté toutefois pendant l'époque du frai.

Dans les petits cours d'eau, le droit de pêcher appartient au propriétaire riverain comme compensation des charges qui lui sont imposées, telles que le curage. Il peut l'exercer dans toute la largeur du cours d'eau s'il est propriétaire des deux rives ; il ne peut l'exercer que jusqu'au milieu, s'il n'est propriétaire que d'une rive.

QUESTIONS.

1° Peut-on compenser ce qui est dû au possesseur de bonne foi par les fruits qu'il a perçus ? — Je décide négativement cette question.

2° L'héritier du possesseur de mauvaise foi peut-il gagner les fruits s'il est lui-même de bonne foi ? — Oui.

4° A qui appartient le lit des rivières non navigables ni flottables ? — A l'État.

Paris, Paul Dupont.

www.ingramcontent.com/pod-product-compliance
Lightning Source LLC
Chambersburg PA
CBHW060529050426